Bibliografische Information der Deutschen Nationalbibliothek:

Die Deutsche Bibliothek verzeichnet diese Publikation in der Deutschen National-
bibliografie; detaillierte bibliografische Daten sind im Internet über http://dnb.d-
nb.de/ abrufbar.

Impressum:

Copyright © 2016 GRIN Verlag, Open Publishing GmbH
Druck und Bindung: Books on Demand GmbH, Norderstedt Germany
ISBN: 9783668612273

Dieses Buch bei GRIN:

https://www.grin.com/document/387078

Jeff Mannes

Die wachsende Distanz zwischen Arm und Reich. Die Einkommensschere und Faktoren für steigende Einkommensanteile in der oberen Schicht

GRIN Verlag

GRIN - Your knowledge has value

Der GRIN Verlag publiziert seit 1998 wissenschaftliche Arbeiten von Studenten, Hochschullehrern und anderen Akademikern als eBook und gedrucktes Buch. Die Verlagswebsite www.grin.com ist die ideale Plattform zur Veröffentlichung von Hausarbeiten, Abschlussarbeiten, wissenschaftlichen Aufsätzen, Dissertationen und Fachbüchern.

Besuchen Sie uns im Internet:

http://www.grin.com/

http://www.facebook.com/grincom

http://www.twitter.com/grin_com

Praxisbezogenes Studienprojekt (PBSP)

„Do it yourself - Forschungswerkstatt mit quantitativen Daten"

Wintersemester 2015/2016

Die wachsende Distanz zwischen Arm und Reich:

Untersuchungen zur Einkommensschere

Verfasser:

Jeff Mannes

Abgabedatum: 11.03.2016

Inhaltsverzeichnis

Tabellenverzeichnis

Abbildungsverzeichnis

1. Einleitung

Einkommensunterschiede spielen seit jeher ein zentrales Thema in der Untersuchung der Sozial- und Wirtschaftswissenschaften. Dies gilt besonders im Hinblick auf empirische und statistische Untersuchungen, die anschließend dann als Empfehlung an die Politik benutzt werden können, um Ungleichheiten und eine zu starke Diskrepanz zwischen Arm und Reich, sowie eine schrumpfende Mittelschicht zu verhindern. Diese Arbeit möchte sich dieser Thematik annehmen und untersuchen, welche Faktoren für steigende Einkommensanteile in der oberen Schicht verantwortlich sein können. Zuerst soll jedoch erklärt werden, wie mit PCSTS Daten richtig umgegangen wird.

2. Der richtige Umgang mit PCSTS Daten

Die Kausalanalyse in einem begrenzten Raum (wie in einem einzigen Land) ist in der Regel relativ leicht durchzuführen. Viel schwieriger erweist sich dieses Unterfangen jedoch bei der Analyse mehrerer Länder. Dies ist mit normalen Regressionen nicht möglich, da sich Länder nicht einfach so vergleichen lassen. Hier kommen PCSTS Daten ins Spiel. PCSTS Daten werden benutzt, wenn mehrere Länder über einen längeren Zeitraum mit mehreren Zeitpunkten (t1, t2, t3, ...) beobachtet und verglichen werden sollen. So ist es möglich auch in solchen Fällen kausale Zusammenhänge, die über die Zeit wirken, zu untersuchen. (So zum Beispiel die Frage ob eine höhere Bildung zu mehr Lohn, oder ob eine Steigerung der Lohnersatzraten zu mehr Arbeitslosigkeit führt.)

Das Besondere bei PCSTS Daten ist, dass sie die Gauß/Markov-Regeln verletzen. Es handelt sich bei Ländern nämlich nicht mehr um Zufallsstichproben. Es sind also keine unabhängigen Daten und man kann deswegen nicht von einem Land auf mehrere schließen. Außerdem handelt es sich oft um metrische Variablen und es liegt keine Multivariabilität vor. Dass man nicht von einem Land auf mehrere schließen kann, sieht man vor allem bei einer grafischen Darstellung.

Beim PCSTS Verfahren müssen die Daten allerdings gepoolt werden, damit man gepoolte Zeitreihen erhält. Dies erleichtert den Umgang mit und die Auswertung, bzw. die Interpretation der Daten.

Eine weitere Besonderheit bei PCSTS Daten ist eine eventuell auftretende Heterogenität. Diese liegt dann vor, wenn ein Effekt sich unterschiedlich stark in verschiedenen Ländern ausprägt. Dies zeigt sich dann auch in der grafischen Darstellung: die y-Variable verteilt sich auf unterschiedlichem Y-Achsenabschnitt. Dies kann zum Beispiel auch an einer zeitlichen Dynamik liegen, also dass der Effekt in verschiedenen Ländern manchmal schneller oder langsamer auftritt. Eine Lösung für dieses Problem besteht darin, dass man den dafür verantwortlichen "Fehler" zerlegt. Einerseits hat man einen einheitsspezifischen Fehler für jedes Land, da diese zeitkonstant untersucht werden. Andererseits hat man das Problem, dass es sich bei Länderdaten um keine unabhängigen Daten handelt. Dies kann man dann umgehen, indem man die Daten pro Land gruppiert. Man benutzt dann fixed effects Modelle.

Schlussendlich ist eine weitere Besonderheit die (serielle) Autokorrelation. Durch eine lineare Beziehung zwischen der unabhängigen und abhängigen Variable wird das Modell nicht auf Grundlage von unabhängigen Fällen geschätzt, sondern auf Basis von zeitlich gestaffelten Beobachtungen. Veränderungen in der Variablen X haben also eine unmittelbare Auswirkung auf die Variable Y. Das gleiche gilt dann natürlich auch bei Fehlern. Bei der Autokorrelation hat ein Fehlerterm einer Periode eine Beziehung zu den Fehlern der vorigen Periode. Die Lösung hierfür liegt in den xt-Befehlen. Im Random Effects Modell wird zum Beispiel die Ähnlichkeit der Daten für ein Land über die Zeit hinweg berücksichtigt. Durch diesen Befehl werden Gruppierungen berücksichtigt und die Autokorrelation wird "herausgerechnet".

3. Wachsende Einkommensunterschiede - Eine kurze Einleitung

Spätestens seit die Wirtschaftskrise des 21. Jahrhunderts wieder abflaut hat das Thema wachsender Einkommensungleichheiten wieder zugenommen. So besitzen laut einem kürzlich veröffentlichten Bericht zehn Prozent der Haushalte in Deutschland über fünfzig Prozent des deutschen Gesamtnettovermögens. Und über lediglich ein Prozent des Vermögens verfügen die unteren fünfzig Prozent der Bevölkerung.[1]

Dies ist Grund genug für Wirtschafts- und Sozialwissenschaften sich wieder verstärkt mit dem Thema wachsender Einkommensungleichheiten auseinander zu setzen. Wenn sich neunzig Prozent der Bevölkerung fünfzig Prozent des Gesamteinkommens teilen, dann kann man mit

---

[1] Tagesschau 2016

Recht behaupten, dass es sich dabei um ein gesamtgesellschaftliches Thema handelt. Dies hat darüber hinaus große Auswirkungen auf die soziale Gerechtigkeit eines Landes, ist doch aus zahlreichen Studien bekannt, dass gutes finanzielles Kapital Tür und Tor für Lebenschancen und Aufstieg öffnet. Anders ausgedrückt: Wer arm geboren wird, wird mit größerer Wahrscheinlichkeit auch arm bleiben. Und bei wachsendem Armut in Deutschland (und anderswo auf der Welt) sind dies keine gute Nachrichten für die soziale Gerechtigkeit.

Im Folgenden soll deswegen nun eine Übersicht über bisherige Forschungsergebnisse und theoretische Überlegungen dargelegt werden, um daraufhin im Anschluss eigene kurze Arbeiten vorzustellen.

3.1. Die Entwicklung in Deutschland

In der kritischen Phase zwischen dem ersten Weltkrieg und dem Ende des zweiten Weltkrieges sind die Einkommensanteile in Deutschland allgemein aufgrund der wirtschaftlichen und politischen Schocks stark gesunken, auch wenn die nationalsozialistische Regierung die obigen Einkommensanteile wieder teilweise auf das Niveau von vor 1913 brachten.[2] Bis kurz nach dem zweiten Weltkrieg waren somit Superreiche deutscher Staatsbürgerschaft wohlhabender als Superreiche amerikanischer Staatsbürgerschaft. Daraufhin folgte die Große Depression, bei der die Einkommensanteile wieder stark sanken.

Doch dies hat sich danach etwas verändert. Wie oben bereits erwähnt, besitzen aktuell etwa zehn Prozent der Haushalte über fünfzig Prozent des deutschen Gesamtnettovermögens, während lediglich ein Prozent des Vermögens von den unteren fünfzig Prozent der Bevölkerung erwirtschaftet wird. Dazu wollen wir uns jetzt kurz die Entwicklungen der letztes Jahre in Deutschland ansehen.

---

[2] Vgl. Dell 2007

Abbildung 1: Die Einkommensanteile der oberen zehn Prozent in Deutschland 1907-2007

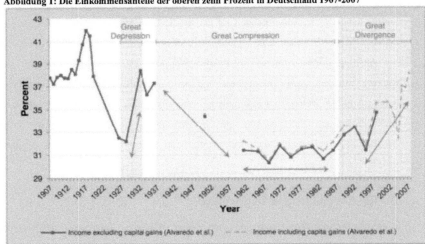

Quelle: Alvaredo nach Anselmann/Krämer 2012 (A), S. 14

Die Grafik zeigt deutlich, dass eine wachsende Kluft zwischen Reich und Arm in Deutschland Ende der achtziger Jahre aufgetreten ist. Äußerte sich diese Entwicklung anfangs noch langsam, so beschleunigte sich dies später jedoch. So besaßen 1982 die oberen zehn Prozent etwa 31,5% des Gesamteinkommens (inklusive Kapitaleinkommen). 1997 waren dies jedoch schon etwa 35,5% und 2007 etwa 38,5%. Wenn nach den neusten Untersuchungen 2015 die oberen zehn Prozent etwa fünfzig Prozent des Gesamteinkommens besitzen, dann kann man davon ausgehen, dass sich dieser Prozess nach 2007 also rasant weiterentwickelt hat. Dies wurde wohl vor allem durch gesteigerte Einkommen in den oberen zehn Prozent ermöglicht, während die Einkommen in den unteren neunzig Prozent nicht so schnell anstiegen.[3] Dies verdeutlicht auch folgende Grafik:

---

[3] Vgl Anselmann/Krämer 2012 (A), S. 6f

Abbildung 2: Mittelwert- (mean) und Median-Einkommen in Deutschland 1984-2010

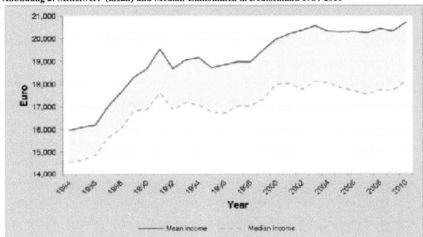

Quelle: German Socio-Economic Panel Study nach Anselmann/Krämer 2012 (A), S. 6

Hier zeigt sich, dass die Median-Einkommen allgemein seit Anfang der achtziger Jahre angestiegen sind (mit einem kleinen Einbruch Anfang der neunziger Jahre), jedoch nicht so rasant wie die Mittelwert-Einkommen. Der Unterschied zwischen Median- und Mittelwert-Einkommen hat sich nach und nach immer vergrößert. Dies verdeutlicht die obige Aussage, dass die Einkommen zwar in allen Klassen womöglich gestiegen sind, jedoch in den oberen Klassen unverhältnismässig stärker als in der Allgemeinbevölkerung. Eine Entwicklung, die nicht nur in Deutschland, sondern auch in anderen Ländern, vor allem den angelsächsischen (USA, Großbritannien, Kanada, Australien, Neuseeland) zu beobachten ist.[4] Seit Mitte der neunziger Jahre, bzw. seit Anfang der Jahrtausendwende nehmen Einkommensdifferenzen aber auch in nicht-englischsprachigen Nationen zu.[5] Darüber hinaus sollte nicht unerwähnt bleiben, dass von wachsender Ungleichheit bezüglich der Einkünfte Frauen stärker als Männer betroffen sind. So weist Gregoritsch darauf hin, dass die verbesserte Arbeitsmarktlage zu einer Zunahme der Einkommensunterschiede zwischen Männern und Frauen geführt hat.[6]

---

[4] Vgl. Anselmann/Krämer 2012 (B), S. 1

[5] Vgl. Anselmann/Krämer 2012 (B), S. 1

[6] Vgl. Gregoritsch 2002, S. 14f

3.2. Der Empathy Gulf als Ursache wachsender Einkommensungleichheiten?

Welche Ursachen, bzw. welche Theorien gibt es jedoch, die die wachsenden Einkommensungleichheiten erklären können?

Da sei zunächst einmal die Top Management Vergütung erwähnt. Die Daten haben nämlich gezeigt, dass Kapitalanhäufung allein nicht ausreicht, um die wachsenden Unterschiede zu erklären. Demnach sind vor allem also die direkten Einkommen dafür verantwortlich. Mehrere Theorien gibt es dafür als Erklärung. So zum Beispiel die Theorie der Superstars. Diese besagt, dass die hohen Einkommensunterschiede vor allem dadurch erklärt werden können, dass jene mit hohen Einkommen aufgrund ihres großen - für die Firma unentbehrlichen - Talents überdurchschnittlich hoch bezahlt werden, ähnlich wie "Superstars" in der Popkultur, im Sport, im Schowgeschäft, u.s.w.. Das große Talent sei also für die hohen Einkommen verantwortlich. Diese Theorie wird jedoch von Anselmann und Krämer aufgrund ihrer Unzulänglichkeit kritisiert.[7]

Weiterhin sei die Tournament Theory erwähnt. Diese erklärt hohe Einkommen dadurch, dass somit ein Anreiz gegeben werden soll, damit die Produktivität gesteigert wird. Wenn Menschen ein sozusagen "hohes Preisgeld" in Form hoher Einkommen in Aussicht gestellt bekommen, würden sie härter arbeiten, um diese Position zu erlangen. Auch diese Theorie wird jedoch von Anselmann und Krämer verworfen.[8]

Schlussendlich sollen aber auch noch andere Faktoren, wie zum Beispiel Normen (hohe Einkommen gelten in der Management-Bezahlung einfach als Norm), soziale Vergleiche (die von Gremien festgelegten Einkommensvorschläge richten sich an den Vergleichen der Einkommen der Mitglieder dieser Gremien aus) oder Rentenabsicherung in Betracht gezogen werden.

Eine ganz besondere Theorie verdient jedoch besondere Beachtung. Es handelt sich dabei um die Theorie des Empathy Gulfs.[9] Die Idee des Empathy Gulf hat seinen Ursprung in der Umverteilungsthese, die besagt, dass Demokratien dafür sorgen würden, dass Geld quasi von oben abgezogen und unten hinzugefügt wird. Dies hat sich jedoch als falsch herausgestellt.

---

[7] Vgl. Anselmann/Krämer 2012 (B), S. 24f

[8] Vgl. Anselmann/Krämer 2012 (B), S. 26f

[9] Vgl Shapiro 2002

Der Empathy Gulf, der auch noch als Kluft, der uns trennt, beschrieben wird, versucht dies zu erklären. Demnach würden Menschen eines Teils der Gesellschaft es wortwörtlich als unmöglich erachten, sich vorzustellen, die Güter eines anderen Teils der Gesellschaft zu erlangen. Dies wäre umso stärker, je weiter die Teile der Gesellschaft voneinander entfernt sind, also je größer die Einkommensschere ist. Je größer also diese Kluft ist, desto mehr sorge sie dafür, dass die Ärmeren einer Gesellschaft nicht mehr für eine Umverteilung kämpfen würden. Er kann somit also auch als eine psycho-soziale Distanz zwischen jenem Teil der Bevölkerung, der besitzt, und jenem Teil der Bevölkerung, der nicht besitzt, beschrieben werden. Im weiteren Verlauf dieser Arbeit wollen wir uns noch mehr mit dieser Theorie auseinander setzen.

4. Hypothesen

Folgende Hypothesen sollen im weiteren Verlauf nun überprüft werden:

1. Sozialdemokratische Wohlfahrtsstaaten weisen sich durch eine geringe Einkommensschere aus.

2. Dominant protestantisch geprägte Staaten weisen sich durch eine höhere Einkommensschere aus.

3. Je höher der Gini-Koeffizient, desto höher die Einkommensschere

Hypothese eins ergibt sich aus der Überlegung, dass sozialdemokratische Wohlfahrtsstaaten durch ihre ausgeprägten Umverteilungen und Wohlfahrtsprogramme einer Einkommensschere entgegenwirken, bzw. dass solche Staaten auch generell größere Gleichheitsüberzeugungen aufweisen, die sich in einer geringeren Diskrepanz zwischen Viel- und Geringverdienern niederschlägt. Hypothese zwei ergibt sich aus Max Webers Protestantismustheorie[10], nach der der Protestantismus und seine Prädestinationslehre dem Geist des Kapitalismus zuträglich waren. Daraus ergibt sich die Überlegung, dass protestantisch geprägte Länder weniger für eine gleiche Verteilung des Reichtums tun als katholisch geprägte Länder mit ihrem Konzept der Nächstenliebe und Brüderlichkeitsethik. Hypothese drei ergibt sich aus der simplen Überlegung, dass der Gini-Koeffizient als statistisches Maß zur Darstellung von Ungleichverteilungen ein Indikator für die Größe der Mittelschicht ist.

---

[10] Vgl Weber 1934

5. Variablen

Zur Überprüfung der Theorie habe ich die in folgender Tabelle dargestellten Variablen
ausgewählt.

Tabelle 1: Auflistung der abhängigen und unabhängigen Variablen

Variable	Codierung	Wertebereich
Abhängige Variable		
Einkommensanteil der oberen 10% (Stringvariable)	t10is	0-100
Einkommensanteil der oberen 10% (recodiert)	rt10is	0-100
Unabhängige Variablen		
Gini-Koeffizient	gini	0-1
Dominante Konfession im Land	konfession	0 (katholisch) oder 1 (protestantisch)
Wohlfahrtsstaat	regime	1 (sozialdemokratisch) 2 (liberal) 3 (konservativ)
Wohlfahrtsstaat recodiert	rregime	0 (nicht sozialdemokratisch) oder 1 (sozialdemokratisch)

Quelle: Eigene Darstellung

Als Länder habe ich Schweiz, Deutschland, Dänemark, Spanien, Finnland, Frankreich, das
Vereinigte Königreich, Italien, die Niederlande, Norwegen, Portugal, Schweden und die USA
ausgewählt. Als Zeitperioden die Epoche von 1980 bis 2010 in 5-Jahres-Abständen (1980,
1985, 1990, …).

6. Ergebnisse

Zuerst soll ein Balkendiagramm einen groben Überblick über die verschiedenen Länder
geben:

Quelle: Eigene Darstellung

Das Diagramm zeigt, dass Dänemark, Schweden und Finnland die niedrigste Diskrepanz zwischen Arm und Reich haben. Hier liegen die Einkommensanteile der einkommensstärksten zehn Prozent der Bevölkerung bei maximal dreißig Prozent. Dahingegen weisen die USA, England, Deutschland und Portugal die höchste Diskrepanz auf. Hier liegen die Einkommensanteile der oberen zehn Prozent der Bevölkerung bei über 60%. Das lässt darauf schließen, dass die Hypothese, dass sozialdemokratische Wohlfahrtsstaaten eine geringere Einkommensschere aufweisen, bestätigt werden könnte. Einziger Ausreißer ist hier Norwegen.

Die multivariate Auswertung lieferte folgende Ergebnisse:

Tabelle 2: Multivariate Auswertung zu den Einkommensanteilen der oberen zehn Prozent der Bevölkerung

Variable	Koeffizient	Standard-fehler	z-Wert	P > ızı	95%-Konfidenzintervall	
Gini-Koeffizient	2,71	0,80	3,37	0,001	1,13	4,28
Wohlfahrts-staat	-31,47	8,15	-3,86	0,000	-47,44	-15,51
Konfession	-14,45	7,96	-1,82	0,069	-30,05	1,14
Konstante	-34,02	33,41	-1,02	0,309	-99,50	31,46
sigma_u	10,09					
sigma_e	17,57					
Korrelation	0,25					

Quelle: Eigene Darstellung

Wie zu erwarten war, zeigt die multivariate Auswertung, dass bei steigendem Gini-Koeffizient (also bei steigender Ungleichheit) auch die Einkommensanteile der oberen zehn Prozent steigen. Auch die Hypothese, dass in sozialdemokratischen Wohlfahrtsstaaten die Einkommensschere sinkt wird hier bestätigt. Nicht bestätigt wird jedoch die Hypothese, dass protestantische Staaten eine höhere Einkommensschere aufweisen würden. Das Gegenteil scheint der Fall zu sein: Der Wert sinkt um 34,02 in katholischen Ländern. Dies erweist sich bei näherer Betrachtung auch als logisch, denn die sozialdemokratischen Wohlfahrtsstaaten sind alle protestantisch geprägt, während die liberalen oder konservativen Wohlfahrtsstaaten eher katholisch geprägt sind.

Schlussendlich wollen wir uns jetzt noch eine Regressionsanalyse ansehen:

Tabelle 3: Regressionsanalyse zu den Einkommensanteilen der oberen zehn Prozent der Bevölkerung

Variable	Model 1		Model 2		Model 3	
	Koeffizient	**t-Wert**	**Koeffizient**	**t-Wert**	**Koeffizient**	**t-Wert**
Konfession	1,66	0,32	-17,81**	-2,68	-18,79**	-2,96
Wohlfahrts - staat			15,72***	4,16	16,74***	4,66
Gini- Koeffizient					2,70**	2,77
Konstante	30,15***	3,63	28,65***	3,75	-72,48	-1,95
r2	0,001		0,165		0,258	
N	91		91		89	
Legende: * p < 0,05; ** p < 0,01; *** p < 0,001						

Quelle: Eigene Darstellung

Modell eins berücksichtigt lediglich die Konfession, Modell zwei führt noch die Art des Wohlfahrtsstaats mit ein und Modell drei schließlich bringt noch den Gini-Koeffizienten mit rein. Die Ergebnisse zeigen, dass es teils signifikante Zusammenhänge zwischen den Einkommensanteilen der oberen zehn Prozent der Bevölkerung und den unabhängigen Variablen, insbesondere mit der Art des Wohlfahrtsstaates, gibt. So steigen zum Beispiel die Einkommensanteile der oberen zehn Prozent der Bevölkerung um 16,74 Prozentpunkte, wenn es sich nicht um einen sozialdemokratischen Wohlfahrtsstaat handelt. Die Signifikanz liegt hier mit p < 0,001 auch am höchsten. Aber auch der Gini-Koeffizient spielt beispielsweise eine Rolle: Im Modell drei zeigt sich, dass mit einer hohen Signifikanz von p<0,01 die Einkommensanteile der oberen zehn Prozent der Bevölkerung bei steigenden Gini-Koeffizienten um 2,70 Prozentpunkte steigen. Der r2-Wert liegt in diesem Modell bei 0,258. Das bedeutet, dass das dritte Modell, also die Kombination von Gini-Koeffizient, dominante Konfession eines Landes und Art des Wohlfahrtsstaates sehr gute 25,8% der Varianz der Einkommensanteile der oberen zehn Prozent erklären.

7. Fazit: Sozialdemokratische Umverteilungen

Insgesamt konnte die logische Annahme noch einmal nachgewiesen werden, dass mit steigender Ungleichheit (Gini-Koeffizient) die Einkommensschere steigt und somit die

Mittelschicht auch sinkt (Hypothese drei). Darüber hinaus war aber vor allem die Art des Wohlfahrtsstaates ausschlaggebend für die Varianz (Hypothese eins). Die dominante Konfession eines Landes hingegen schien nicht direkt mit der Einkommensschere verbunden zu sein (Hypothese zwei). Dies lässt Empfehlungen aussprechen, dass mehr sozialdemokratische Maßnahmen zu einer gerechteren Verteilung des Reichtums in einem Land führen dürften. Besonders bei der aktuellen Diskussion um die schrumpfende Mittelschicht und die wachsende Diskrepanz zwischen einer reichen Elite und der immer größer werdenden Armut dürften diese Ergebnisse als Empfehlungen an die Politik verstanden werden - auch im Hinblick darauf einen möglicherweise drohenden Empathy Gulf zu verhindern.

Anhang: Do File Editor Output

. graph bar rt10is if jahr==2005, over(land)

. regress rt10is konfession

```
    Source |      SS       df       MS              Number of obs =      91
-------------+------------------------------         F( 1,   89) =   0.10
       Model |  62.3087389   1  62.3087389           Prob > F      = 0.7474
    Residual |  53148.6803  89  597.176183           R-squared     = 0.0012
-------------+------------------------------         Adj R-squared = -0.0101
       Total |  53210.989   90  591.233211           Root MSE      = 24.437


------------------------------------------------------------------------------
      rt10is |      Coef.  Std. Err.     t      P>|t|   [95% Conf. Interval]
-------------+----------------------------------------------------------------
  konfession |   1.659864  5.138653    0.32   0.747   -8.550529     11.87026
       _cons |   30.14966  8.310306    3.63   0.000    13.63726     46.66206
------------------------------------------------------------------------------
```

. estimates store model1

. regress rt10is konfession regime

```
    Source |      SS       df       MS              Number of obs =      91
-------------+------------------------------         F( 2,   88) =   8.71
       Model |  8796.46071   2  4398.23035           Prob > F      = 0.0004
    Residual |  44414.5283  88  504.710549           R-squared     = 0.1653
-------------+------------------------------         Adj R-squared = 0.1463
       Total |  53210.989   90  591.233211           Root MSE      = 22.466


------------------------------------------------------------------------------
```

```
        rt10is |        Coef.   Std. Err.      t      P>|t|   [95% Conf. Interval]
-------------+----------------------------------------------------------------
  konfession |  -17.80593      6.6493  -2.68  0.009   -31.02002   -4.591844
      regime |   15.72237   3.779452           4.16   0.000    8.211504    23.23324
       _cons |   28.65229   7.648363           3.75   0.000    13.45278     43.8518
-------------------------------------------------------------------------------
```

. estimates store model2

. regress rt10is konfession regime gini

```
      Source |       SS       df       MS              Number of obs =      89
-------------+------------------------------        F(  3,    85) =    9.85
       Model |  13303.0487    3  4434.34955            Prob > F      =  0.0000
    Residual |  38262.45785  450.146553              R-squared     =  0.2580
-------------+------------------------------        Adj R-squared =  0.2318
       Total |  51565.5056   88  585.971655           Root MSE      =  21.217
```

```
-------------------------------------------------------------------------------
        rt10is |        Coef.   Std. Err.      t      P>|t|   [95% Conf. Interval]
-------------+----------------------------------------------------------------
  konfession |  -18.78694   6.341308  -2.96   0.004   -31.39516   -6.178723
      regime |   16.73841   3.595393           4.66   0.000    9.589804    23.88701
        gini |   2.695515  .9731257   2.77    0.007    .7606805     4.63035
       _cons |  -72.47926   37.14641  -1.95   0.054   -146.3363    1.377758
-------------------------------------------------------------------------------
```

. estimates store model3

. estimates table model1 model2 model3, stats(r2 N) label star

```
-------------------------------------------------------------------
          Variable |    model1        model2        model3
---------------------+----------------------------------------------
     konfession |  1.6598639      -17.80593**   -18.786943**
         regime |                 15.722372***  16.738408***
           gini |                                2.695515**
       Constant |  30.14966***     28.652291***  -72.479255
---------------------+----------------------------------------------
          r2 |  .00117098       .16531286      .25798348
          N |      91              91             89
-------------------------------------------------------------------
              legend: * p<0.05; ** p<0.01; *** p<0.001
```

. encode land, generate(rland)

. xtset rland jahr
      panel variable: rland (strongly balanced)
      time variable: jahr, 1980 to 2010, but with gaps
          delta: 1 unit

. xtreg rt10is gini rregime konfession, re

```
Random-effects GLS regression         Number of obs     =      89
Group variable: rland                 Number of groups  =      13

R-sq:  within  = 0.1300               Obs per group: min =      6
       between = 0.6087                            avg =     6.8
       overall = 0.3637                            max =       7

                          Wald chi2(3)   =     26.28
corr(u_i, X)  = 0 (assumed)           Prob > chi2    =    0.0000
```

```
------------------------------------------------------------------------
       rt10is |       Coef.   Std. Err.      z      P>|z|    [95% Conf. Interval]
-------------+----------------------------------------------------------
         gini |   2.709056   .8039984    3.37   0.001    1.133248      4.284864
       rregime |  -31.47132   8.145175           -3.86   0.000   -47.43557   -15.50707
   konfession |  -14.45256   7.955836  -1.82   0.069   -30.04571      1.140595
        _cons |  -34.02104   33.40873 -1.02   0.309   -99.50095      31.45887
-------------+----------------------------------------------------------
      sigma_u |   10.09324
      sigma_e |   17.570608
          rho |   .248109   (fraction of variance due to u_i)
------------------------------------------------------------------------
```

Literaturverzeichnis

- Anselmann, Christina; Krämer, Hagen M. (2012) (A): *„Denn wer da hat, dem wird gegeben"* Spitzeneinkommen und Einkommensungleichheit in Deutschland, in: Anselmann, Christina; Krämer, Hagen M. (Hrsg.): WISO direkt, Bonn.

- Anselmann, Christina; Krämer, Hagen M. (2012) (B): *Completing the Bathtub? The Development of Top Incomes in Germany, 1907-2007*, in: Anselmann, Christina; Krämer, Hagen M. (Hrsg.): SOEPpapers on Multidisciplinary Panel Data Research 451, Berlin.

- Dell, Fabien (2007): *Top Incomes in Germany Throughout the Twentieth Century: 1891-1998*, in: Atkinson, Anthony B.; Piketty, Thomas (Hrsg.): Top Incomes Over the Twentieth Century, Oxford.

- Gregoritsch, Petra (2002): *Das Gesamtprojekt "Beschäftigung und Einkommen von Frauen und Männern"*, Wien.

- Shapiro, Ian (2002): *Why the poor don't soak the rich*, in: Daedalus, Vol. 131, No. 1: 118-128

- Tagesschau (2016): *Soziale Ungleichheit in Deutschland - Kluft zwischen Arm und Reich wird noch größer*, http://www.tagesschau.de/wirtschaft/vermoegen-deutschland-verteilung-101.html, Stand: 25.01.2016, Abruf: 15.02.2016

- Weber, Max (1934): *Die protestantische Ethik und der Geist des Kapitalismus*, Tübingen.